Arnold Hug

Die Entscheidungsprozess zwischen Aeschines und Demosthenes

Arnold Hug

Die Entscheidungsprozess zwischen Aeschines und Demosthenes

ISBN/EAN: 9783743699663

Hergestellt in Europa, USA, Kanada, Australien, Japan

Cover: Foto ©Suzi / pixelio.de

Weitere Bücher finden Sie auf **www.hansebooks.com**

Der

Entscheidungsprozess

zwischen

Aeschines und Demosthenes.

Rede

gehalten am 30. October 1869

bei

seinem Amtsantritte

von

Dr. Arnold Hug,

ordentlichem Professor der klassischen Philologie an der Universität Zürich.

Zürich.

S. Höhr.

1870.

Vorwort.

Von mehreren Freunden dazu aufgefordert, diese Antrittsrede dem Drucke zu übergeben, entschloss ich mich um so eher dazu, als ich hoffen darf, dass manchem Leser die Darstellung dieses welthistorischen Prozesses zwischen Aeschines und Demosthenes nicht unwillkommen sein wird. Als Rede, die vor einem grössern Publikum gehalten wurde, macht sie blos Anspruch auf klare Darstellung der Hauptmomente; ein besonderes Gewicht lege ich auf die Schlussbetrachtung, die Beurtheilung der beiden Gegner, deren Spitze sich wesentlich gegen Spengels Ansicht richtet. Dagegen musste gerade an den Punkten, wo eine neue auf Quellenstudium basirte Auffassung vorliegt, der Beweis, als für den Zweck einer Rede zu sehr in's Detail gehend, weggelassen werden. (Ich verweise auf Note [21] und [33]). Das Fehlende werde ich bei einer andern passendern Gelegenheit nachholen.

A. H.

Hochansehnliche Versammlung!

Nachdem ich durch das Vertrauen des h. Erziehungs-
und Regierungsrathes der Republik Zürich auf einen Lehr-
stuhl der klassischen Philologie berufen worden bin, könnte
wohl die Besorgniss, dass ich kaum als würdiger Nach-
folger von Männern wie mein hochverehrter Lehrer und
Freund Köchly und mein Freund Bursian angesehen werde,
da bis jetzt meine äussere Stellung mir nicht gestattete,
ausschliesslich der Wissenschaft zu leben, die Freude über
die mir zu Theil gewordene Stellung trüben. Abr ese
tröstet mich die Hoffnung, dass Liebe zur Wissenschaft
meine Kräfte stählen und die Theilung der Arbeit mit aus-
gezeichneten Collegen die Aufgabe wesentlich erleichtern
werde. —

Im zweiten Monat des Archontenjahres Aristophons,
an einem der Augusttage des Jahres 330 vor Christo, bemerkt man schon am frühen Morgen eine aussergewöhn-
liche Volksmenge auf den Strassen Athens. Aber nicht
zum spannenden Wettkampf der ernsten oder heitern dra-
matischen Muse wallt die Menge von Bürgern und von
Fremden, die eigens auf diesen vorher mittelst öffentlichen
Anschlages bekannt gemachten Tag nach Athen herüber-
gekommen sind — dazu passt nicht die Jahreszeit, in welcher kein Dionysosfest stattfindet — dazu passt auch nicht
der Ort, zu welchem sie hinströmen. Denn nicht zu dem
erst kürzlich unter dem wackern Redner und Staatsmann
Lykurgos vollendeten steinernen Theater, dem Heiligthum
des Dionysos, bewegt sich der Zug, sondern zu einer der
Gerichtsstätten, wahrscheinlich der Heliää am Markte selbst.

Auch die heftigen Disputationen und Gesticulationen, die man an einzelnen Gruppen bemerkt, und die selbst bis zu drohender Geberde sich steigern, beweisen, dass es sich um eine ernste, die Gemüther aufregende Sache handelt. Selbst die Geschwornen, die so eben durch die von den Thesmotheten vorgenommene Verloosung für diesen Prozess auserkoren worden sind, können, während sie mit ihrem Stabe, der die Farbe des Gerichtslocales trägt, in welchem sie sitzen sollen, dahineilen und beim Eintritt in dasselbe mechanisch ihre Marke für den Sold in Empfang nehmen, ihre Bewegung über die Entscheidung des Looses nicht verbergen und machen derselben durch lebhafte Gespräche Luft. Auf die ausserordentliche Wichtigkeit der Verhandlung deutet auch die ungewöhnlich grosse Zahl der Richter; heute haben die Thesmotheten für gut gefunden, mehrere Sectionen von je 500 zu Einem Dikasterion zu vereinigen.

Die Schaar der Richter ist eingetreten; sie haben sich auf die hölzernen mit Strohmatten bedeckten Bänke gesetzt, ebenso die streitenden Parteien auf ihre Tribünen. Um die Schranken sammelt sich das zuhörende Publicum. Das Geräusch verstummt allmälig, der Herold erhebt sich und spricht ein Gebet. Hierauf verliest der Schreiber die Klage. Sie lautet:

> Aeschines, des Atrometos Sohn, klagt den Ktesiphon, den Sohn des Leosthenes, der Gesetzwidrigkeit an, weil er beantragt hat, den Demosthenes, den Päanier, im Theater zu bekränzen. Widergesetzlich ist dieser Antrag; denn 1) das dem Demosthenes ertheilte Lob ist lügenhaft. 2) Ktesiphon hat es unterlassen hinzuzufügen, dass die Bekränzung erst dann stattfinden soll, wenn Demosthenes über seine Aemter Rechenschaft abgelegt habe. 3) Ktesiphon will die Bekränzung im Theater an den grossen Dionysien durch den Herold verkündigen lassen, statt in der Volksversammlung. Antrag: Geldbusse.

Die Klage ist eine sogenannte Staatsklage, γραφή, und zwar unter den verschiedenen Arten derselben diejenige, die am meisten politische Bedeutung hat, die Klage auf Gesetzwidrigkeit, die γραφὴ παρανόμων. Ursprünglich ein weise ausgedachter Schutz gegen leichtsinnige Neuerungssucht, indem jeder Antragsteller wegen der strengen Strafe, die ausgesprochen werden konnte, sich genöthigt sah nachzusehen, ob nicht sein Vorschlag gegen bestehende Gesetze verstosse, und bejahendenfalls vorerst auf Abschaffung des alten förmlich plädiren musste, — war die γραφὴ παρανόμων im Laufe der Zeiten immer mehr als Agitationsmittel der politischen Parteien, zugleich auch als wirksamer Hebel persönlicher Feindschaft benutzt worden; auch konnte sie als Hemmschuh jeglichen Fortschrittes um so eher gehandhabt werden, als schon die blosse Ankündigung einer solchen Klage gegen eine vorgeschlagene oder sogar schon vom Volke beschlossene Massregel die Suspension derselben bis zum gerichtlichen Austrag der Sache zur rechtlichen Folge hatte. Wie übermässig häufig in jener Zeit die γραφὴ παρανόμων angewendet wurde, mag die von Aeschines in seiner bemerkenswerthen Auseinandersetzung über die Bedeutung derselben[1]) für die Demokratieen überlieferte Notiz lehren, dass der unruhige Staatsmann Aristophon sich rühmte, nicht weniger als 75 Mal unter dem Damoklesschwerte dieser Anklage gestanden zu haben.

Schon 6 Jahre früher, im Jahre 336, hatte Ktesiphon den Antrag auf Kränzung des Demosthenes gestellt, Aeschines dagegen die ὑπωμοσία erhoben. Der Prozess wurde nun inzwischen, wohl der Zeitereignisse wegen — es erfolgte der Tod Philipps und die Erhebung Alexanders — liegen gelassen bis zum Jahre 330. Jetzt als Alexander im fernen Asien war und der Spartanerkönig Agis sich zu

kräftigem Widerstande erhob, erneuerte Ktesiphon seinen Antrag, Aeschines seine Klage gegen denselben. [2])

Niemand zweifelte daran, dass Demosthenes selbst,
gegen den im Grunde von Aeschines der Streich geführt
ward, unter der gesetzlich erlaubten Form eines Anwaltes
(συνήγορος) des dem Namen nach angegriffenen Ktesiphon
redend auftreten werde. Daher die ungeheure Spannung
der Gemüther: bei den Minderbetheiligten unter den Zu-
hörern, namentlich den Fremden, war es zunächst der
mächtige Reiz, ein Redeturnier zwischen den beiden Haupt-
rednern, die Athen aufzuweisen hatte und welche zugleich
die Hauptsprecher der beiden Parteien, der Friedens- und
Kriegspartei oder der Patrioten und der Makedonisch Ge-
sinnten bildeten, heute anhören zu können. Und für diesen Kitzel war kein Volk je empfänglicher als das helle-
nische. wie denn auch für den Geschwätzigen in Theo-
phrasts Charakterschilderungen [3]) die Beschreibung der
„Rednerschlacht unter dem Archonten Aristophon" zu den
beliebten Gegenständen gehört. mit welchen er Andere
todtschwatzt. Irren wir nicht. so befinden sich auch unter
den anwesenden Fremden makedonische Sendlinge, die
der Regierung des Antipatros zu melden haben, wie weit
die Kühnheit der Redner sich verstiegen habe und wie der
Prozess entschieden worden sei. Denn heute galt es die
Entscheidungsschlacht nicht bloss zwischen den beiden sich
persönlich aufs Bitterste hassenden Gegnern, sondern zugleich zwischen den von ihnen repräsentirten Parteien.
Moralischer Sieg oder moralische Vernichtung der einen
oder andern Person, des Einen Prinzips oder des Andern,
im Angesicht der Mitwelt und, fügen wir hinzu, der Nachwelt und der Richterin, der Weltgeschichte, das ists, um
was es sich heute handelt.

Nachdem die Klage und die Gegenschrift vom Schreiber verlesen, ertheilt der Vorsitzende des Gerichtes dem

Kläger, Aeschines dem Kothokiden, das Wort. Während er sich auf seiner Tribüne erhebt, richten sich Aller Augen auf ihn. Er stellt sich den Blicken dar als ein angehender Sechziger von kräftigem Körperbau, sicherer und eleganter Haltung, durch sein wechselvolles Leben, seine verschiedenen diplomatischen Sendungen zum vollendeten Weltmann ausgebildet. Gleich die ersten Worte, die er spricht, zeigen ein klangvolles angenehmes Organ, das er je nach dem Inhalt mit vollendeter Technik zu moduliren weiss. Auch in den bewegten Stellen — und sie fehlen in dieser Rede wahrlich nicht -- auch da, wo er sich zum Pathos erhebt, bewahrt er sich eine gewisse weltmännische Würde und Ruhe selbst der Handbewegungen — alles dieses ein Erbtheil seines frühern Schauspielerberufes, in welchem er besonders die majestätischen Königsrollen des Tritagonisten zu spielen gehabt hatte. Aber auch seine Expositionen über die gesetzlichen Bestimmungen, seine Gewandtheit, mit der er Gesetze und Beschlüsse als Beweismittel zu verwenden weiss, weisen darauf hin, dass er auch die juristische Vorbereitung zum Staatsmanne als Unterschreiber, später unter Eubulos als beliebter Staatsschreiber gefunden hat.

Nach einer längern Einleitung beginnt Aeschines sein eigentliches Thema mit der Behandlung der Punkte 2 und 3 seiner Klageschrift, d. h. der juristischen oder formellen Gründe, welche nach ihm die Gesetzwidrigkeit des Ktesiphontischen Antrages erweisen.

Ueber diese formellen Deductionen, auf die im Einzelnen einzugehen die Zeit nicht erlaubt, und die ohnehin bei der prinzipiellen und politischen Bedeutung des Prozesses von untergeordneter Wichtigkeit sind, sei hier nur so viel bemerkt, dass nach ziemlich einstimmiger Ansicht in Beziehung auf den ersteren dieser beiden Punkte auch nach Prüfung der Demosthenischen Gegengründe Aeschines Recht behält, der zweite dagegen auf eine Unklarheit, beziehungsweise Widerspruch in den Athenischen Gesetzen hinzudeuten scheint, der eine sichere Entscheidung fast zur Unmöglichkeit macht.

Im dritten Abschnitte, dem Haupttheile der Beweisführung, den er selbst als den wichtigsten, als denjenigen, nach dem er sich am meisten sehne, erklärt, wendet sich unser Redner gegen die Motivirung, mit welcher Ktesiphon seinen Antrag begleitet hatte; diese Motivirung lautete so: [4] „und der Herold soll in Gegenwart der Hellenen im Theater ausrufen, dass das Volk der Athener den Demosthenes kränze um seiner Tugend und wackern Gesinnung willen, und weil er in seinem Reden und Handeln beständig die Wohlfahrt des Volkes im Auge gehabt habe.“ Nachdem Aeschines diese Worte des Antrages angeführt, fährt er fort: Ich aber werde Euch beweisen, dass die dem Demosthenes ertheilten Lobsprüche Lügen sind und dass er weder im Beginne seiner Laufbahn das Beste rieth noch auch jetzt für das Wohl des Vaterlandes arbeitet.

Nach einigen Verdächtigungen des Privatlebens geht Aeschines zur Beurtheilung des Demosthenes als Staatsmann über und theilt die staatsmännische Laufbahn desselben in vier Perioden. Gegen alle diese vier Perioden erhebt er, wie er sagt, im Angesichte der Richter, der Bürger, der Hellenen, die heute in einer Masse zusammengeströmt sind, wie sie noch kein Staatsprozess gesehen, die Anklage: Das Verdienst der Rettung der Stadt kommt den Göttern zu und — natürlich — der gemässigten Partei, an allen Unglücksfällen aber war Demosthenes schuld.

Anlangend die erste Periode, die des Krieges um Amphipolis und des darauf folgenden Friedensschlusses, behauptet Aeschines im Widerspruch mit der gewöhnlichen Meinung, dass Demosthenes mit Philokrates als Haupturheber jenes schmachvollen Friedens zu betrachten sei. Demosthenes hat für Frieden und Bündniss mit Philipp mehr Anträge gestellt als Philokrates selbst, er hat, von Philipp bestochen, ihm und den von jenem geschickten Gesandten in schamlosem Uebermass geschmeichelt; er hat ferner entgegen dem Antrag des Bundesrathes verhindert, dass das Athenische Volk mit den übrigen Hellenen zusammen den Frieden abschloss, indem er die Ankunft der Hellenischen Gesandten nicht abwarten liess. Dadurch hat er Athen isolirt, während es sonst mit Leichtigkeit wieder an die Spitze von Hellas sich hätte stellen können. Er hat ferner den Thrakischen König Kersobleptes dem Philipp preisgegeben, indem er ihn durch ein gewisses Manöver von der Theilnahme am Friedensschwur ausschloss.

In der zweiten Periode, nach dem Uebergange Philipps über die Thermopylen und der unerwarteten Zerstörung der Phokischen Städte, die durch ihn vollzogen ward, entstand Eifersucht und Streit zwischen Philokrates und Demosthenes über die Grösse der von Philipp erhaltenen oder zu erwartenden Geschenke. Aus diesem Motive und weil er zugleich sah, dass nach dem unerwarteten Verfahren Philipps mit den Phokiern in Athen Missstimmung gegen Philokrates und die Athenischen Gesandten überhaupt entstanden war, fand sich Demosthenes veranlasst, plötzlich und unerwartet auf die Seite der Kriegspartei überzutreten, die ihn gerne als Redner brauchte. Nach diesem Wechsel der Farbe fing er an Philipp auf jede Weise zu beleidigen und zu reizen. Aus diesen Chicanen des Demosthenes erwuchs der Friedensbruch, der Krieg, das Unglück. Und wenn er sich in Beziehung auf den Schluss dieser Periode rühmt, das Bündniss Athens mit Euböa hergestellt zu haben, so ver-

hält es sich damit so: Von Kallias von Eretria, diesem
treulosen Tyrannen, mit 3 Talenten bestochen, arbei-
tete Demosthenes allerdings in Athen für das Zustande-
kommen dieses Bündnisses, welches jenem Kallias Schutz
und Vortheil gewährte, dagegen die Euböer von der bei
solchen Bündnissen mit Athen üblichen Verpflichtung, Bun-
desbeiträge zu zahlen, enthob. So brachte er die Stadt
um 10 Talente.

In der dritten Periode, der Zeit des mit Philipp
wieder beginnenden Krieges, hat Demosthenes den
Staat vollends zu Grunde gerichtet. Er erwies sich zunächst als Gottesverächter: denn er hat meinen Bestrebungen, den ruchlosen Frevel der Amphissäischen Lokrer an
dem verfluchten Felde von Kirrha zu strafen, Widerstand
entgegengestellt, da er von den Amphissäern bestochen war. Uns Athenern hatten die Götter die Führung
des heiligen Krieges bestimmt, aber des Demosthenes Be-
stechlichkeit vereitelte Alles. So musste schliesslich Philipp
die Leitung übergeben werden. Gottlos widersetzte sich
ferner Demosthenes der Befragung des delphischen Ora-
kels mit der frechen Rede: die Pythia ist philippisch ge-
sinnt. Gottlos verachtete er alle Anzeichen der Götter
und schickte unsere Krieger ohne Opfer in den Krieg.
Und wenn er sich rühmt, das Bündniss mit Theben in jener
Stunde der Gefahr hergestellt zu haben, so war dieses
Bündniss nicht das Verdienst des Demosthenes, sondern
die Furcht der Thebaner, ihr Hülfsbedürfniss, die Zeit-
verhältnisse selbst brachten es zuwege. Aber bei dem Abschlusse desselben hat Demosthenes, von den Theba-
nern bestochen, sich dreifach gegen Athen vergangen:
1) er hat Euch überredet den Bund bedingungslos einzugehen und Euch $2/3$ der Kriegskosten überbunden, während doch die Thebaner der Gefahr näher standen; 2) hat
er die Bundesregierung von Athen nach Theben verpflanzt,

indem er dort mit den Böotarchen gemeinsam über beide
Staaten die Dictatur sich anmasste, 3) als Philipp Friedens-
anträge stellte und die Thebaner darauf eingehen wollten,
da hat er in dem neidischen Gedanken, dass die Böotarchen Geld von Philipp empfangen würden und
er dabei leer ausgehen könnte, den Widerstand der
Böotarchen gebrochen, indem er sie mit den anmasslichen
Worten andonnerte: „ihr Böotarchen seid Verräther am
hellenischen Vaterlande"; so hat er durch seinen Terrorismus Alle in den hoffnungslosen Kampf, der so viel theures
Blut gekostet hat, gestürzt.

In der vierten und letzten Periode von der Schlacht
bei Chäroneia an bis auf den heutigen Tag benahm sich
Demosthenes bald feige, bald übermüthig. Der Kamm
wuchs ihm, als Philipp ermordet wurde; mit dem von ihm
Anfangs verspotteten Knaben Alexander hat er, nachdem
der junge Herrscher durch die Niederwerfung Thebens
gezeigt, dass er nicht mit sich spassen lasse, wenn wahr
ist, was erzählt wird, durch einen Abgesandten heimlich
sich ausgesöhnt. Und in der That wäre er wirklich, wie
er vorgibt, der Feind Alexanders, so hätte er nicht schon
dreimal die günstige Gelegenheit, den Abfall Athens durch-
zuführen, feige versäumt. Ueberall, wo es Geld gibt, ist
er da, aber nirgends, wo eine Gefahr zu bestehen ist.

Hierauf ein längerer Excurs mit verschiedenen Episo-
den und sehr beweglichen Ansprachen. Das Schlusswort
aber lautet: „So habe ich denn, o Erde und Sonne und Einsicht und Bildung, durch die wir das Edle vom Unedlen
unterscheiden, eure Sache geführt. Meine Rede ist beend-
digt".

Betrachten wir die Rede von ihrer technischen Seite
etwas genauer. Nominell ist die Klage gegen Ktesiphon
gerichtet, materiell gegen Demosthenes.

Die nominelle Bedeutung der Klage war natürlich für

die Disposition des Ganzen massgebend. Zuerst werden
in zwei Theilen die gesetzlichen Bedenken gegen den Antrag des Ktesiphon entwickelt, der dritte Theil, der dar-
thun soll, dass Demosthenes lügenhafter Weise von Ktesiphon belobt worden, wird aber mit der Behauptung: „alle
Gesetze verbieten, lügenhafte Worte in die Volksbeschlüsse
zu bringen", [5] ebenfalls unter die Rubrik gesetzlicher Bedenken geschoben [6]).

Dieser Eintheilung sowie ihrer Durchführung lässt sich
das Prädicat der Klarheit und Schärfe nicht absprechen,
sowie auch die Anordnung selbst — er hat die Reihenfolge der Punkte seiner eigenen Klageschrift in der Rede
umgekehrt — auf dem richtigen Prinzipe der Steigerung
nach der Wichtigkeit des Gegenstandes beruht. Und wenn
man speziell die beiden ersten Theile näher ins Auge fasst,
so lässt sich das Urtheil Westermanns: [7]) „verstandes-
mässige Ueberzeugung, klare, bündige, logische Beweisführung ist des Aeschines Sache nicht", nicht recht begreifen.

Klarheit und Schärfe an sich können dem Aeschines
in keiner Weise abgesprochen werden. Dagegen ist nicht
zu leugnen, dass die logische Beweisführung im dritten,
den Demosthenes betreffenden Theile, soweit aus bestimmten oder wenigstens als bestimmt angegebenen Facten gewisse Schlüsse gezogen sind, die schwächste Partie der
Rede bildet. Zuweilen weiss freilich Aeschines diese
Schwächen nach den Regeln der Rhetorik durch geschickte
Wendungen zu verhüllen. Nachdem er z. B. einigen un-
bedeutenden Klatsch aus dem Privatleben des Demosthenes angeführt hat, hält er, indem er wohl selbst fühlt,
dass damit nicht viel anzufangen sei, mit der schlauen Bemerkung inne: er fürchte, wenn er fortfahren würde, den
Vorwurf, dass er seine Zuhörer mit alten, allgemein an-
erkannten Thatsachen aufhalte; natürlich ist diese allge-
meine Anerkennung völlig erschlichen.

Als gelungene Partie ist das Proömium zu betrachten; das Wohlwollen der Richter sucht er dadurch für seine Sache zu gewinnen, dass er diese mit der Sache des Staates und der Gesetze identifizirt. Nachdem einmal durch den Uebermuth der Staatsmänner in der Volksversammlung und dem Rathe die alten ehrwürdigen Gesetze vielfach mit Füssen getreten werden, erblickt Aeschines in den Gerichtshöfen allein noch den Hort der bedrohten Freiheit. Die Demokratie aber beruht auf der Aufrechthaltung der Gesetze. Derjenige Richter also, der bei der Klage auf Gesetzwidrigkeit leichtsinnige Milde obwalten lässt, spricht der Freiheit des Staates, seiner eigenen Freiheit das Todesurtheil. Im Epilog [3]) kommt Aeschines noch einmal auf die hohe Wichtigkeit der γραφὴ παρανόμων zu sprechen.

Am grössten erscheint das Talent des Aeschines im rhetorischen Pathos und wir erkennen hierin wie in der Vorliebe für die Citation von Dichterstellen den gewesenen Schauspieler. Mit grosser Selbstgefälligkeit erzählt er uns, wohlwissend, dass er hierin am meisten glänze, die Rede, mit welcher er den Frevel der Amphissäer am Felde von Kirrha in der Amphiktyonenversammlung aufgedeckt und nach der alten Formel den Fluch über sie ausgesprochen habe.

„Und nun versetzt Euch für eine Weile aus dem Gerichtshof in das Theater und stellet Euch vor, dass der Herold auftrete und nach dem Antrag des Ktesiphon die öffentliche Verkündigung vollziehen soll. In den Zeiten, als noch Gesetzlichkeit herrschte in unserm Staate, da liess der Herold neben sich hintreten die Waisen, deren Väter im Kriege gestorben, Jünglinge, die mit der vollen Rüstung bekleidet worden waren, und liess erschallen den herrlichen Ruf, dass das Volk diese Jünglinge, deren Väter im Kampfe als wackere Männer gefallen, bis zu ihrer

Mannbarkeit auf seine Kosten auferzog, jetzt aber sie aus-
rüste mit dieser Rüstung und sie mit Segenswunsch ent-
lasse einen Jeden in sein Haus, und sie heute zum Ehren-
sitz einlade am heiligen Feste. Damals verkündete der
Herold Solches.

Jetzt aber, was soll er sagen oder was soll er ausrufen, wenn er neben sich treten lässt den, der den Kin-
dern Schuld war an ihrer Verwaisung? Wenn er der
Wahrheit gemäss reden will, dass diesen Mann, wenn er
wirklich ein Mann ist, das Volk der Athener kränze um
der Tugend willen (das waren die Worte des Ktesiphon)
— ihn den Verruchtesten, um der Tapferkeit willen — ihn
den Feigling. der den Posten in der Schlacht verlas-
sen hat.

Nein beim Zeus und ihr übrigen Götter, ich beschwöre
Euch, ihr Männer von Athen, lasset nicht auf dem Rei-
genplatz des Dionysos ein Siegesmal über Euch selbst auf-
stellen, lasset nicht das Volk der Athener im Angesicht
aller Hellenen des Wahnsinns schuldig werden“. Hierauf
spielt Aeschines an auf die Zertsörung Thebens durch
Alexander, die natürlich wiederum Demosthenes allein zur
Last fällt: „Erinnert nicht an die unerträglichen und un-
heilbaren Unglücksschläge die unglückseligen Thebaner,
die Ihr durch seine Schuld als Flüchtlinge habt aufnehmen
müssen, deren Tempel und Lieder und Gräber vernichtet hat
die Bestechung des Demosthenes und das Gold
des Grosskönigs. Sondern wenn ihr es nicht mit leibli-
chen Augen sahet, so schauet hin in Euren Gedanken auf
ihr Elend: stellet Euch vor die Einnahme der Stadt, die
Schleifung der Mauern, den Brand der Häuser; sehet, wie
die Frauen und Kinder in die Knechtschaft geschleppt werden: alte Männer, alte Frauen müssen erst spät die Freiheit verlernen; sie weinen, sie flehen euch an; sie zürnen
— nicht denen, die an ihnen die Rache vollziehen (den

Makedoniern), sondern denen, die dieses Uebel verschuldet haben: sie beschwören euch, auf keine Weise zu kränzen den Verderber von Hellas, sondern euch zu hüten vor dem bösen Fluche und Geschicke, das sich an die Sohlen dieses Menschen geheftet hat".

Energie des Pathos lässt sich in der That dieser und mancher andern Stelle nicht absprechen. Desto mehr fällt es auf, dass Aeschines offenbar fürchtet, auch auf diesem Felde rednerischer Kraft von Demosthenes überwunden zu werden. Er fürchtet die allgewaltige Beredsamkeit seines Gegners, er kann nicht genug die Richter vor dem Zauber dieses Wortkünstlers warnen, dieses Menschen, der aus Phrasen zusammengesetzt ist, „an dem Nichts übrig bleibt, wenn man ihm die Zunge abnimmt, gleich wie der Flöte das Mundstück". Die Wirkung jener gelungenen Diatribe über die Wichtigkeit der γραφὴ παρανόμων hebt er wieder auf durch den nur allzuernst gemeinten Vorschlag an die Richter, dem Ktesiphon als dem allein Angegriffenen allein die Vertheidigung zu gewähren, dem Demosthenes dagegen das Auftreten als συνήγορος zu verweigern: „Keiner von Euch, ihr Richter, soll es als Verdienst etwa sich anrechnen, wenn Ktesiphon fragen sollte: soll ich den Demosthenes aufrufen? zuerst zu antworten: „rufe ihn, rufe ihn". Und wenn nun Aeschines mit Anwendung der pathetischen Redefigur der Symploke einem Richter, der allenfalls Lust in sich verspüren sollte, den Demosthenes dazu aufzumuntern, zuruft: „gegen dich selbst rufst du ihn auf, gegen die Gesetze rufst du ihn, du rufst ihn gegen die Freiheit", so macht hier diese Rhetorik jedenfalls nicht den gewünschten Eindruck. Für den selbst von ihm vorausgesehenen Fall, dass man dem Demosthenes kaum den Mund schliessen dürfe, verlangt er in zweiter Linie, dass Demosthenes sich genau an diejenige Disposition halte, die e r, Aeschines — obschon er selbst die seiner eigenen Klageschrift verändert hatte — in seiner Rede befolgt. Würde aber Demosthenes diese Ordnung verwirren, so sollten ihn die Richter unterbrechen und zurechtweisen.

Mit diesem Kniff, der sich formell auf das unbestrittene Recht der Richter stützte, dem Redner ins Wort zu fallen, oder ihn geradezu schweigen zu heissen, beabsichtigte Aeschines seinen Gegner, von welchem er voraussetzte, dass er in seiner Vorbereitung sich nach der Anordnung der Klageschrift gerichtet hatte, in Verwirrung zu bringen und ihm eine Disposition aufzuzwingen, die, wie sie Aeschines rhetorisch günstig war, Demosthenes schädlich werden musste. Durch diesen versuchten Eingriff in die Redefreiheit des Angeklagten schadete sich Aeschines sicher in den Augen der unbefangenen Richter und Zuhörer.

Trotzdem waren dieselben dem Redner mit gespannter Aufmerksamkeit gefolgt. Man schaute besonders bei den Kraftstellen des Aeschines, in welchen er seinen Gegner als feilen, von überall her gekauften Verräther, als Lügner, als Meineidigen, als Heuchler, der leichter weine als Andere lachen [9]), darstellte, auf Demosthenes, um aus seinen Mienen den Eindruck, den diese selbst von dem Athenischen Publicum, das an Vieles gewöhnt war, in einer solchen Masslosigkeit nicht erwarteten Vorwürfe auf ihn machten, zu entnehmen. Man machte sich zum Voraus auf eine gewaltige Gegenrede gefasst, und wehe den Richtern, wenn sie es wagen sollten, der Zumuthung des Aeschines willfahrend, nach solchen Angriffen dem Demosthenes das Wort der Vertheidigung abzuschneiden.

Gebeugt war freilich Demosthenes durch die erst ganz kürzlich in Athen eingetroffene Kunde von der Niederlage und dem Untergange des Agis, welcher den ganzen Peloponnes unter das Makedonische Scepter brachte: gebleicht waren seine Haare von der Schwere der Ereignisse der

letzten 8 Jahre überhaupt. Seine ganze politische Stellung
hatte seit dem Unglückstage von Chäroneia an der Unsicher-
heit mit Theil genommen und mitgelitten, welcher der
Athenischen Politik seit jenem Schlage als Stempel auf-
gedrückt war. Durch eine gewisse Scheu Philipps sowie
nachher Alexanders selbst, an dem weltberühmten Mittel-
punkte hellenischer Bildung sich zu vergreifen, gerettet,
hatte Athen die Selbstständigkeit der innern Verwaltung
zwar noch bewahrt, aber seine Machtstellung und seinen
Einfluss auf das übrige Hellas gänzlich verloren und an
den makedonischen Fürsten, den auch von ihm anerkann-
ten Schutzherrn der Hellenen, abtreten müssen. Die Kreise
der Bildung, vor Allem die Philosophen, wandten sich
schon seit längerer Zeit meistens der neu aufgegangenen
Sonne zu und betrachteten mit kosmopolitischer Kälte den
Untergang der altrepublikanischen Anschauungen. Was
blieb unter solchen Umständen dem Demosthenes und seinen Gesinnungsgenossen übrig, als auf bessere Zeiten zu
warten und unterdessen ihre öffentliche Thätigkeit auf die
innere Verwaltung zu beschränken? Unthätig blieben sie
freilich nicht; gegenüber Makedoniens Herrschaft liess sich
Demosthenes mit Persien in Verbindung ein; aber seine
patriotische Wirksamkeit, die er früher am hellen Tage
im Glanze der Oeffentlichkeit entwickelte, musste er jetzt
als geheimer Conspirator entfalten, eine stets undank-
bare Rolle, an die sich der Fluch der Lächerlichkeit oder
der Verleumdung heftet, und die, so lange sie nicht mit
glänzendem Erfolge gekrönt wird, dem Philister als un-
heimlich, ja als verbrecherisch erscheint. Klage auf Klage
wurde zunächst durch Vermittlung untergeordneter Per-
sonen von der Gegenpartei auf ihn gehäuft: das Volk aber
— und die Heliasten waren Volksgerichte — sprach ihn
regelmässig frei. Jetzt aber war der anerkannte Hauptsprecher der politischen Widersacher gegen ihn selbst auf-

getreten und suchte das Einzige, was er sich noch gerettet, die Ehre und Achtung seiner Mitbürger ihm zu rauben. Demosthenes erhebt sich auf der Rednerbühne, um noch einmal mit ungebrochener und durch die Angriffe des Aeschines gestäblter Kraft, ein Wort an sein geliebtes Athenisches Volk zu richten, und hingerissen von den Erinnerungen, zu den ihn der Gegenstand seiner Rede zwingt, sich noch einmal mit ihm zu sonnen im Glanze vergangener Tage.

Die Rede vom Kranze, wie sie uns vorliegt, ist aus dreifacher Arbeit hervorgegangen. Es ist uns durch gewichtige Zeugnisse erwiesen, dass Demosthenes es so weit als möglich vermied, unvorbereitet zu sprechen und dass er seine Reden vorher bis aufs Einzelne niederschrieb. Vor Gericht nun freilich mehr als in den Reden vor dem Volke oder Rathe trat in den Fällen, wo er Angeklagter oder Fürsprecher des Angeklagten war, wie hier, für ihn die Nothwendigkeit ein, die in ihren Grundzügen memorirte Rede den einzelnen vorangegangenen Bemerkungen des Anklägers anzupassen, sie demnach im Augenblicke des Redens selbst zu modifiziren. Arnold Schäfer hat aus unserer Rede eine grosse Reihe von Stellen gesammelt, in welchen Demosthenes auf Behauptungen und Invectiven des Aeschines zum Theil wörtlich Bezug nimmt und dieselben mit grosser Gewandtheit beantwortet. Wenn wir demnach die Modification der Rede im Augenblick des Sprechens selbst als die zweite geistige Arbeit an derselben bezeichnen müssen, so kommt nun als drittes Moment noch die schliessliche Redaction zum Behufe der Herausgabe hinzu, und zwar bei Aeschines wie bei Demosthenes. Die durchgreifende Bezugnahme der beiden Reden auf einander beweist ferner, dass die schliessliche Redaction, die natürlich beide Redner ganz unabhängig von einander vornahmen, nur unwesentliches veränderte. Ein paar nachträgliche Zusätze und Weglassungen, von wenig Belang

für das Ganze, sind von Westermann und Schäfer nach-
gewiesen. Wir können demnach annehmen, dass beide
Redner fast wörtlich so sprachen, wie die geschriebenen
Reden es ausweisen, dass aber bei Demosthenes der Un-
terschied zwischen dem Concept und der wirklich gehaltenen Rede viel grösser war als zwischen dieser und der
nachherigen Conception zur Herausgabe.

Aeschines gedachte, wie wir bereits gesehen haben,
dadurch, dass er die Disposition seiner Klageschrift in seiner Klagerede durch Umkehrung änderte und von den
Richtern verlangte, sie sollten den Demosthenes zwingen,
ihm hierin aus dem Stegreif zu folgen, diesen zu über-
raschen und in Verlegenheit zu bringen. Es mag uns dieser Umstand beweisen, welchen Werth die Alten auf die
Anordnung der Theile einer Rede legten, genau so wie
sie selbst innerhalb der Perioden die Stellung der einzelnen Sätze nach der logischen Bedeutung bestimmten. Zu
derselben Ueberzeugung führt uns die Angelegentlichkeit und
Heftigkeit, mit welcher Demosthenes im Proömium seiner
Rede gegen diese Zumuthung protestirt. Gleich dieses
Proömium, welches von den Alten vielfach als Meister-
stück gepriesen wird, gehört zu denjenigen Partieen, die
von dem Redner im Stegreif umgestaltet wurden. Das
feierliche Gebet an alle Götter und Göttinnen, das wir da,
wo es sich um die Ehre des Demosthenes, d. h. um sein
Alles handelt, keineswegs als Phrase zu betrachten haben,
und welches er am Ende des Proömiums förmlich wiederholt — lautet dahin, dass sie ihm das Wohlwollen der
Richter verleihen mögen. Aber der Redner bittet darum
nicht als um eine unverdiente Gnade, sondern mit dem
Stolze eines schwer gekränkten Patrioten bittet er nur um
so viel Wohlwollen von Seiten der Richter, die das
Volk repräsentiren, — als er selbst bis jetzt der
Stadt und allen Athenern bewiesen habe. Der

gleiche Gedanke spiegelt sich in den folgenden Worten. Er verlangt nicht, dass die Götter den Richtern einpflanzen mögen jene weichliche thränenselige Stimmung, die schliesslich sogar den Schurken begnadigt, wenn er nur sein jammerndes Weib und seine hülflosen Kinder auf die Bühne bringt — ein nur zu oft in Athen vorkommendes Schauspiel — sondern er fleht darum, sie möchten den Richtern eingeben, was ihr Gewissen und ihre Ehre nicht beflecke. Also nichts als das strenge Recht, aber zu diesem strengen Rechte gehört, was der Richtereid wörtlich enthält: beide Parteien gleichmässig anzuhören, und nicht die Eine zu fragen, wie sie auf die andere zu hören hätten. Und nun improvisirt Demosthenes jene vollkommen dem Geiste des Gesetzes entsprechende, und keineswegs, wie Spengel behauptet, spitzfindige Deutung [10]) der Formel, um sie der unerwarteten Forderung des Aeschines entgegenzuhalten in folgender Weise: „das heisst aber nicht blos keine vorgefasste Meinung haben und beiden gleich aufmerksam zuhören, sondern jedem der beiden streitenden Gegner seine Anordnung, wie er sie sich einmal überlegt und vorgenommen hat, frei gebrauchen lassen".

Indem wir die übrigen Feinheiten des Proömiums, deren noch manche zu erwähnen wären, übergehen, folgen wir den Andeutungen, welche Demosthenes über die Eintheilung seiner eigentlichen Rede gegeben hat. Demosthenes will 1) reden von dem, was Aeschines ἔξωϑεν τῆς γραφῆς, über die eigentliche Anklage hinaus, [11]) gegen ihn vorgebracht hat; 2) über die Punkte der Klageschrift selbst und zwar in der dort eingehaltenen Reihenfolge: [12]) a) über seine Politik. [13]) Er schliesst diesen Abschnitt mit den Worten: [14]) „dass ich das Beste anstrebte und ein rechter Vaterlandsfreund war und bereit Opfer zu bringen; das habe ich, glaube ich, durch das Gesagte klar bewiesen.

Gleichwohl habe ich das Wichtigste meiner politischen Thätigkeit noch übergangen, indem ich glaubte, dass ich zuerst über die angebliche Gesetzwidrigkeit mich verantworten müsse, und dass ihr auch, wenn ich über meine weitern politischen Bestrebungen nichts mehr sagen sollte, dennoch vollkommen aufgeklärt seid"; b) über seine angebliche Rechenschaftspflicht; [15]) c) darüber, dass es ungesetzlich sei, seine Kränzung im Theater zu verkünden. [16])

Nun würde man eigentlich den Schluss der Rede erwarten, nachdem alle diese Punkte nach Programm behandelt sind; allein statt dessen stehen wir noch nicht einmal in der Mitte. Unter dem Vorwande, er sehe sich durch die Schimpfereien des Aeschines gezwungen, auch über seinen Gegner und Ankläger sich etwas näher zu verbreiten, geht nun Demosthenes [17]) zu der berühmten und berüchtigten Schilderung der Jugendzeit des Aeschines über, welche ganz im Geiste der Aristophanischen Komödie gehalten ist. Das bietet ihm den Uebergang zu der Schilderung seiner eigenen Politik in der Zeit der nahenden Entscheidung, die er in Abschnitt 2 a, wo bereits von seiner Politik die Rede war, noch nicht berührt hatte. Kurz unser dritter und grösster Abschnitt bildet den eigentlichen Schwerpunkt der Rede, weil er den Glanzpunkt seiner politischen Thätigkeit, d. h. dasjenige darstellt, was er an jenem Uebergangspunkte zu den gesetzlich formellen Bedenken des Aeschines als vorläufig noch ausgelassen bezeichnet hatte, mit den Worten $\tau\grave{\alpha}\ \mu\acute{\epsilon}\gamma\iota\sigma\tau\alpha$ $\tau\tilde{\omega}\nu\ \pi\epsilon\pi o\lambda\iota\tau\epsilon\nu\mu\acute{\epsilon}\nu\omega\nu\ \varkappa\alpha\grave{\iota}\ \pi\epsilon\pi\rho\alpha\gamma\mu\acute{\epsilon}\nu\omega\nu$. Wenn er dort als möglich in Aussicht stellt, dass er hierüber gänzlich schweigen werde, so war dies in Beziehung auf den Hauptinhalt des dritten Theiles nur rhetorische Form. Demosthenes wollte, um von vorn herein jeder Unterbrechung durch die

Richter sicher zu sein, zeigen, dass er im Kerne der Rede
ganz genau dem Gang der Klageschrift (1) von der Politik,
2) von den beiden gesetzlichen Bedenken) folge, indem
er alles andere, was er allenfalls noch hinzufügen würde,
als eine Art Parergon hinstellte, das je nach Umständen
auch weggelassen werden könne, ohne der richtigen Er-
kenntniss der Richter viel Eintrag zu thun. Indem er unter diesem gleichgültigem Titel eines Parergon noch schliesslich den Glanzpunkt hinzufügte, gewann Demosthenes den
Vortheil, den schon Libanius als Kunstgriff rühmt, wenn
er sagt: „der Redner aber begann mit der Politik und liess
die Rede wieder zu dieser zurückkehren, und das war
kunstgerecht; denn man muss vom stärkern anfangen und
mit dem stärkern aufhören; in die Mitte aber stellte er die
Punkte, welche die Gesetze betrafen“. Auch die zweite
Hypothesis rühmt, dass Demosthenes wie ein rechter Stra-
tege die Schwachen in die Mitte trieb, $\varkappa\alpha\varkappa o\grave{v}\varsigma$ $\varepsilon\grave{i}\varsigma$ $\mu\acute{\varepsilon}\sigma\sigma o\nu$
$\grave{\varepsilon}\lambda\acute{\alpha}\sigma\sigma\alpha\varsigma$ nach dem homerischen Ausdruck.

Damit ist aber die weitere Frage noch nicht beantwortet,
warum Demosthenes den dem Proömium unmittelbar folgenden ersten Theil als einen besondern vom zweiten Theil
(d. h. 2 a) unter dem Titel e i n e r B e a n t w o r t u n g d e r
u n g e h ö r i g e n e x o t e r i s c h e n A n k l a g e n getrennt habe.
Der Titel selbst scheint uns nicht recht zu passen, da Demosthenes nach kurzer Abfertigung der Verdächtigungen
seines Privatlebens sofort auf die Entstehungsgeschichte
des Philokrateischen Friedens, die Vernichtung der Phokier
und das Vorgehen der von Philipp bestochenen Verräther
eingeht, also alles Dinge, welche in die Darstellung seiner
eigenen Politik, von der er im zweiten Theil handelt, gehö-
ren. M a t e r i e l l verhält es sich also vollkommen so, wie
W i l h e l m F o x in seiner A n a l y s e u n d W ü r d i g u n g
d e r R e d e v o m K r a n z e [18]) auseinandersetzt: die Rede hat
im Grunde nur zwei Theile, von denen der Eine, der über

die politische Laufbahn des Demosthenes handelt, als der
umfänglichere und gewichtigere, den andern, der nur die
formellen Punkte bespricht, schützend umfasst. Also: I a
(§ 10—109), II (§ 110—121), I b (§ 122 bis Schluss). Ob nun
dabei der Redner bewusst ¡dem Gesetze der Dreitheilung,
als dem Grundprinzip der Symmetrie, habe folgen wollen,
wie Fox will, möchten wir unentschieden lassen.

Aber formell verhält sich die Sache anders, da Demosthenes nun einmal § 10 — 109 in zwei Theile unterschie-
den hat. [19]) Spengel sieht in diesem Vorgehen einen sophistischen Kunstgriff des Demosthenes. Fox macht hier ein
paar feine Bemerkungen darüber, warum Demosthenes
hier (§ 10) gerade mit den Angriffen des Aeschines auf
sein Privatleben beginne: es biete ihm den Vortheil, gleich
von vornherein den Aeschines als Lügner zu brandmarken.
Wir geben das vollkommen zu, allein für eine Absonderung des ganzen ersten Theiles, der ja nur in den ersten
Paragraphen vom Privatleben des Demosthenes handelt, um
sofort auf die Politik überzugehen, ist damit absolut kein
Grund gegeben.

Wir glauben, die Sache liegt einfacher. Demosthenes
fasste in diesen exoterischen ersten Theil die Entgegnung
auf das, was er wirklich in der Rede des Aeschines nicht erwartet hatte. Er hatte, da ja Ktesiphons
Motivirung offenbar nur die öffentliche Wirksamkeit des
Demosthenes betraf, keinen Angriff auf sein Privatleben
geahnt und er bezeichnete diesen daher auch mit einem
gewissen Recht als ausser der Klage selbst stehend. Ebenso
wenig hatte er sicher vorausgesetzt, dass Aeschines auf
die Periode vor dem Frieden und die Entstehungsgeschichte
desselben so einlässlich zurückgehen würde, um so mehr,
da Demosthenes diese Ereignisse mit ihm vor 13 Jahren
schon so in dem Gesandtschaftsprozess zergliedert hatte,
dass er glaubte, es wäre seinem Gegner alle Lust hiezu

vergangen. Demosthenes will nicht allzulange dabei verweilen, weil er Näherliegendes auszuführen hat, er entschuldigt sich mehrmals, [20]) dass er um der Jüngern willen darauf eingehen müsse, genöthigt von Aeschines, der eine wahre Hefe von Gemeinheiten über ihn ausgegossen; für die Aeltern sei es nachgerade langweilig, darüber noch weiteres hören zu müssen. Er hat sich also nur für den Nothfall und oberflächlich für diese Punkte vorbereitet. [21])

Der erste Theil enthält also nach dem oben Gesagten zunächst eine Abfertigung des Aeschines in Betreff der auf das Privatleben des Demosthenes geschleuderten Verdächtigungen, die auf gemeine Geldgier, Feigheit und unsittlichen Lebenswandel hinauslaufen. Eine Abfertigung ist es und nicht eine Widerlegung, die findet Demosthenes unter seiner Würde: „Bin ich so, wie er mich geschildert hat, gut, so steht auf, und lasset mich nicht zu Worten kommen, sondern verurtheilet mich gleich jetzt, wenn ich mich auch in der Politik noch so sehr um euch verdient gemacht hätte — kennt ihr mich aber als einen der besser ist als er und von besserer Familie, und stehe ich mit den Meinigen nach eurer Meinung nicht zurück hinter irgend einem braven Bürger, um einen bescheidenen Ausdruck zu gebrauchen — gut, dann glaubt ihm nicht, haltet ihn für einen Lügner, und ziehet den Schluss, dass er auch in allem andern gelogen hat‟ — eine kühne rhetorische Wendung, durch welche, da Niemand den Demosthenes schweigen heisst, Aeschines von vornherein desavouirt und als Lügner gebrandmarkt ist. So konnte der Redner freilich nur dann sich ausdrücken, wenn er der Achtung seiner Mitbürger sicher war.

Im Folgenden widerlegt er denn die Beschuldigung, dass er an dem schmachvollen Ausgang der Friedensunterhandlungen gemeinsam mit Philokrates — „dein Gefährte

und nicht meiner, o Aeschines, und wolltest du auch ber-
sten", schuldig gewesen sei; dass die Athener Frieden mit
Philipp suchten, war übrigens eine nothwendige Folge der
Zeitumstände; ebensowenig habe er die Athener verhindert, gemeinsam mit den übrigen Hellenen Frieden zu
schliessen, denn damals war gar keine Gesandtschaft an
die andern Hellenen unterwegs; gelegentlich wehrt er sich
auch gegen den Vorwurf, dass in der gastfreundlichen
Aufnahme der makedonischen Gesandten irgend welche
ungehörige Schmeichelei zu finden sei. Dafür wiederholt
er gegen Aeschines die in der Gesandtschaftsrede eindring-
lich und ausführlich erhobenen zwei Hauptanklagen. Durch
des Aeschines Bestechung war es möglich, 1) dass Philipp
noch vor Eidesablegung eine Reihe thrakischer Plätze er-
oberte, 2) dass er ungestört Phokis erobern konnte, weil
durch des Aeschines Vorspiegelungen getäuscht, die Athener die Phokier preisgaben. Mit der wirksamen Pointe,
dass er dem Aeschines gar nicht Freundschaft oder Gastfreundschaft mit Philipp und Alexander vorwerfe, sondern
dass er ihn wie alle andern — und er berufe sich auf das
Zeugniss der Versammlung — nur als Lohndiener Philipps
ansehe, schliesst der Redner diese Partie.

Im zweiten Theile von § 57 an, welchen Demosthenes
als die eigentliche Widerlegung der Klageschrift bezeichnet, und der nach unserer Ansicht der ursprüngliche, früher geschriebene ist, bespricht er die Machtvergrösserung
Philipps, das stete Wachsthum desselben, die Zersplitte-
rung Griechenlands und die von Philipp ausgestreute Saat
des Verraths. „So fand ich die Verhältnisse vor, als ich
in die staatsmännische Laufbahn eintrat. Welche Politik
war damals der Stadt würdig? Denn die Ehre der Stadt
war meine einzige Richtschnur. Sollten wir, wie die Thes-
salier, Philipp Griechenland unterjochen helfen? sollten
wir in träger Selbstsucht Alles ruhig geschehen lassen wie

gewisse Peloponnesische Staaten? Weil ich sah, dass
er die ganze Welt unterjochen wollte, trat ich
ihm entgegen, und hörte nicht auf euch zu warnen, zu lehren, dass man ihm nicht Alles preis-
geben müsse. Nachdem er diesen ebenso einfachen als
grossartigen und der ruhmvollen Thaten der alten Athener
einzig würdigen Gedanken als die Seele seiner Politik bezeichnet hat, zählt er die Hauptschritte auf, die er in diesem Sinne gethan, indem er daneben den Gedanken aus-
führt, dass nicht die Athener, sondern Philipp den inzwischen geschlossenen Frieden brach. Als solche Schritte
bezeichnet er die von ihm, Demosthenes, beantragten Ge-
sandtschaften nach dem Peloponnes, nach Euböa, die Hee-
ressendungen nach Euböa und Byzanz. Ganz besonders
kräftig erhebt er sich gegen die kleinliche, knauserige, die
Grösse des Augenblicks und die Beispiele der Altvordern
gänzlich übersehende Politik, welche in dem Vorwurf des
Aeschines liegt, dass Demosthenes bei dem Abschlusse der
betreffenden Bündnisse mit Euböa und Byzanz die frühern
Unbilden dieser gegen Athen nicht berücksichtigt und ihnen allzugünstige Bedingungen eingeräumt habe.

Zum Schlusse erwähnt er noch aus seiner innern Politik, die Reform des Trierarchengesetzes, wodurch er die
Steuerlast billiger vertheilte, freilich nicht, ohne dass er
sich den Hass der Reichen zugezogen hätte. Es war dies
eine Fortsetzung und endliche Durchführung seiner schon
in der ersten Staatsrede hierüber angedeuteten Reform-
bestrebungen, welche gleich wie seine Abschaffung der
Theorikengelder und seine Stellung zu der socialen Frage
überhaupt, um mich dieses modernen Ausdruckes zu be-
dienen, eine besondere Monographie verdienen würden.

Die beiden folgenden Unterabtheilungen des zweiten
Theils, 2 b u. c, welche materiell für sich den eigentlichen
zweiten Theil bilden (§ 111—121), behandeln die gesetz-

lichen Bedenken des Aeschines gegen den Antrag des Ktesiphon.

Der dritte Theil, der Gipfelpunkt des Ganzen (von § 121 an), beginnt mit einer Entschuldigung, dass er sich, von Aeschines provocirt, auf das Gebiet der Schmähungen über die Privatverhältnisse einlasse. Dass Demosthenes auch in diesem Capitel das Mögliche geleistet, und mit einer wahren, von Leidenschaft eingegebenen Freude in dem Kehricht wühlt, der ihm über die Jugendzeit des Aeschines wohl aus unsicherm Hörensagen zur Kenntniss gekommen ist, dieses Zeugniss kann ihm nicht versagt werden. Die grossartigen Phrasen, welche Aeschines am Schlusse seiner Rede angewendet hat, geben dem Demosthenes erwünschten Anlass, die Einleitung zu jener Schilderung zu gestalten. „Wäre der Ankläger ein Aeakus oder ein Rhadamanthys oder ein Minos, und nicht ein Zungendrescher, ein Marktschreier, ein Schurke von einem Schreiber, so glaube ich, würde er nicht so grossartige Reden halten, und nicht schreien wie in einem Trauerspiel: O Erde und Sonne und Tugend und dergleichen, und dann wieder Einsicht und Bildung zu Hülfe rufen, durch welche wir das Gute und Schlechte unterscheiden, denn das habt ihr wahrhaftig aus seinem Munde hören müssen. Was hast denn du, o Schandbube, was haben die Deinigen mit der Tugend gemein? Oder was wisst ihr von der Unterscheidung des Guten und des Bösen? Woher eigentlich und wie wärest du dazu gekommen?!" Nach Darstellung dieser Jugendverhältnisse des Aeschines und Darlegung, wie er blos durch die Wohlthat der Athener zu einem freien und wohlhabenden Mann geworden sei, geht Demosthenes nun dazu über, zu zeigen, dass Aeschines undankbar genug war, diese Wohlthaten mit schnödem Verrath zu vergelten.

Dem gegenüber schildert Demosthenes sein eigenes Wirken in jener Zeit, wie ihm das Unglaubliche gelang,

Athen und Theben zu versöhnen und gegen den gemeinsamen Feind zu verbünden. Als eine der schönsten Blü-
then der griechischen Literatur ist jene classische Schilderung zu betrachten, die mit den Worten beginnt: „Es
war Abend, da kam ein Bote an die Prytanen mit der
Nachricht, Elatein sei von Philipp eingenommen. In der
ausserordentlich einberufenen Volksversammlung des folgenden Morgens da fragte der Herold: Wer begehrt das
Wort? und Niemand meldete sich. Und der Herold wie-
derholte die Frage: Niemand erhob sich. Und doch waren
alle Redner da und alle Staatsmänner und alle Feldherrn.
Da bestieg ich die Rednerbühne, ich allein und befürwor-
tete, den unzeitigen Groll gegen die hellenischen Brüder,
die Thebäer fahren zu lassen und schleunigst den Bund
mit ihnen zu schliessen. Und nicht blos sprach ich, sondern ich stellte den Antrag, und ich stellte den Antrag
nicht blos, sondern liess mich zum Gesandten wählen, und
ich war nicht blos Gesandter nach Theben, sondern ich
gewann auch die Thebaner für den Bund. Ich habe von
Anfang bis zu Ende die Sache durchgeführt. Und was
thatest du, Aeschines, an jenem Tage — nichts, rein nichts.
— Und jener Beschluss zerstreute die Gefahr wie eine Wet-
terwolke. — Jetzt freilich, nachdem der Ausgang der
Schlacht anders entschieden, redest du. Das darfst du mir
nicht als Verbrechen anrechnen, wenn das Kriegsglück für
Philipp entschied. Die Wagschale lag in Gottes Hand,
nicht in der meinigen; auch war ich nicht der Feldherr.
Und zudem, wenn trotz dieses Bundes mit Theben das
Unternehmen diesen Ausgang nahm, wäre es nicht noch
viel schlimmer gekommen, wenn Theben mit Philipp statt
mit uns im Bunde gestanden hätte?“

Demosthenes aber geht noch weiter: „Weil er denn so
sehr auf den unglücklichen Ausgang pocht, so will ich
jetzt auch noch ein Wort sagen, das euch vielleicht be-

fremden wird. Aber ich beschwöre euch bei Zeus, staunet
dieses Wort nicht an als Uebertreibung, sondern bedenket
es mit Wohlwollen: Hätten Alle die Zukunft klar
und sicher voraus gewusst, und du hättest sie
vorausgesagt mit Lärmen und Geschrei — du
hast freilich den Mund nicht aufgethan, auch
dann hätte die Stadt nicht abstehen dürfen von
diesem Entschlusse, wenn sie anders dachte an
den Ruhm der Vorfahren oder an die Nachwelt.
Jetzt sagt man: sie war unglücklich, und das
kann Allen begegnen, sofern die Gottheit es will.
Sonst aber, wenn sie, welche verlangte an der
Spitze Aller zu marschiren, von ihrer Stellung
abtrünnig geworden wäre, hätte es in der ganzen Welt geheissen: sie habe Alles dem Philip-
pus verrathen. — Mit welchen Augen beim Zeus
müssten wir die Fremden ansehen, die in die
Stadt kämen, wenn es wirklich so herausgekom-
men wäre, wie jetzt: der Makedonier nämlich
zum gemeinsamen Führer und Haupt auserkoren, den darob entbrannten Kampf aber hätten
andere ohne uns gekämpft? Und doch hatte unsere Stadt in der alten Zeit niemals eine uneh-
renvolle Sicherheit einem für Ehre und Recht zu
bestehenden Kampfe vorgezogen“.

Die Oekonomie auch dieses Stückes ist eine sehr kunst-
gerechte, sie ist, wie die Rede im Ganzen, nicht nach
logisch abstrakten, sondern rhetorischen Principien ge-
staltet. Vor allem nach dem Principe der Abwechslung.
Der Doppelzweck der Selbstvertheidigung des Demosthenes und des Angriffes auf Aeschines wird so durchgeführt,
dass die Schilderung von dem Einen zum Andern übergeht.
Zunächst ist in längern Abschnitten zuerst das Treiben des
Aeschines, dann das Wirken des Demosthenes geschildert.

wobei der Contrast ungemein wirksam erscheint, um so
mehr, da derselbe in einzelnen Mittelpartieen noch in grel-
len Streiflichtern besonders beleuchtet wird; in den Excur-
sen über das Geschick und die Rednergabe wird die Pa-
rallele so zu sagen bei jedem Punkte durchgeführt, im
Epilog noch einmal abschliessend vorgenommen.

Eines muss aber noch besonders hervorgehoben werden; die wunderbare Mischung von Bescheidenheit und
Selbstgefühl: Demosthenes identifizirte seine Politik mit
derjenigen des von ruhmvollen Traditionen geschmückten
Athens. Er war es, nach seiner Schilderung, der dem
wahren Volksgedanken die Form zu geben wusste. Dieses Verdienst allein nimmt er in Anspruch, aber dieses
auch voll und ganz.

Die Rede riss wie ein unaufhaltsamer Strom die Zu-
hörer dahin. Aeschines erhielt nicht einmal den fünften
Theil der Stimmen und verfiel in Atimie. Er siedelte nach
Rhodus über.

Also ein Redner hatte den andern besiegt durch die
überlegene Kunst der Beredsamkeit. Dem Demosthenes
gebührte hierin die Palme. Darin waren alle Athener einig, darin auch Aeschines, nach den Aeusserungen, die
er den Rhodiern gegenüber gethan hat. Darin sind bis auf
den heutigen Tage Alle einig, die beide Reden gelesen
haben.

Allein ein Gericht ist nicht blos ein Theater, in welchem zwei Künstler um den Preis mit einander ringen.
Aeschines und Demosthenes verlangen, dass die Richter
nach dem Rechte entscheiden und nicht nach dem Glanz
der Rede.

Die Athenischen Richter stellten sich auch hierin entschieden auf die Seite des Demosthenes. Auch die mei-

sten historischen Darstellungen der neuern Zeit anerkennen
die Wahrheit seiner Sache und finden das Unrecht auf
Seiten des Aeschines; die philologischen Ausleger machen
daneben, wie es in ihrer Pflicht ist, theilweise nach dem
Vorgange der alten Rhetoriker wieder mehr auf diejenigen
Punkte aufmerksam, die bei beiden auf bewusste rhetorische Technik hindeuten — jedoch unbeschadet dem oben-
genannten Resultate.

Wir leben aber im Zeitalter der Rettungen. Und so
konnte es denn nicht ausbleiben, dass auch Aeschines seine
Retter fand. Nach dem Vorgange von Stechow [22]) hat besonders der um die Rhetorik der Alten hochverdiente
Spengel vor Allem in der Schrift: Demosthenes Vertheidigung des Ktesiphon [23]) vor allzugrosser Parteilichkeit für
Demosthenes gewarnt und sich des Aeschines mit grossem
Eifer angenommen. „Bei solcher Betrachtungsweise", sagt
Spengel, „geht nichts verloren, es wird vielmehr gewon-
nen, die falsche Bewunderung geht in eine wahre über,
man muss die Kraft des Redners anstaunen, wodurch er
Allen überlegen ist, und wie er in dieser Beziehung in
der That mit Verachtung auf seinen Gegner herabschauen
kann". In dieser Beziehung, d. h. in rhetorischer Kunst,
die moralische Verachtung, die Demosthenes gegenüber
Aeschines zur Schau trägt, ist demnach ganz unberechtigt.
Spengel nennt die Rede vom Kranze ein sophistisches Mei-
sterstück. [24]) Wir dürfen daher wohl die Folgerung aus
Spengels Worten ziehen: Demosthenes war ein grös-
serer Sophist als Aeschines, darum hat er ihn
besiegt. Betrachten wir dieses Urtheil etwas näher.

Die erste Frage, die zu entscheiden war, ist die: War
die Politik des Demosthenes vom Standpunkte Athens aus
zu billigen oder zu verwerfen? Aeschines behauptet das
letztere; Demosthenes war von der ganzen Welt bestochen, und so konnte schon deswegen seine Politik nur ver-

derblich sein. Spengel folgt nun freilich Aeschines im ersten Punkte nicht, aber auch in der Aufzählung der von
Demosthenes begangenen einzelnen Missgriffe stellt er sich
öfter auf die Seite des Demosthenes, und missbilligt im
Grunde nur drei einzelne Massregeln des letztern: 1) Demosthenes handelte unklug, als er die Athener bewog, sich
von dem durch Aeschines herbeigeführten Amphiktionen-
krieg gegen die Amphissäer fernzuhalten; 2) eben so unklug war es später, den Amphissäern 10000 Söldner unter
Chares zu überlassen, denn dadurch wurde die Streitmacht
Athens und Thebens geschwächt; 3) die von Philipp unmittelbar vor der Schlacht von Chäroneia dargebotene
Friedenshand hätte er nicht ausschlagen sollen. Der erste
Punkt lässt sich sehr leicht durch die Betrachtung widerlegen, dass es Demosthenes vor Allem daran lag, die von
Aeschines einmal angefachte Flamme des Bürgerkrieges
durch Neutralität Athens und Thebens zu ersticken. Dass
es ihm nicht gelang, war nicht seine Schuld; über den
zweiten gehen wir hinweg, und über den dritten Punkt
bemerken wir nur so viel, dass die Athener, nachdem sie
seit 8 Jahren erfahren, was ein mit Philipp geschlossener
fauler Friede bedeute, gewiss weder ehrenvoll noch klug
gehandelt hätten, sich noch einmal von Philipp für einen
Augenblick täuschen zu lassen. Hier musste die Entscheidung einmal folgen, und wir erinnern an die
Worte des Demosthenes, mit welchen er diesen kleinli-
chen, schon von Aeschines eingenommenen Standpunkt der
ex eventu urtheilt, ab und zur Ruhe wies. Wir finden diesen Tadel ebenso unberechtigt und „nach der Studirlampe"
des friedlichen Gelehrten „riechend" als die Klage des
Aeschines und Spengels über den damals von Demosthenes geübten Terrorismus; [25]) als ob in jenen Zeiten ohne
energische Dictatur desjenigen, der Herr der Situation ist,
irgend etwas, zumal in Republiken, ausgerichtet werden

könnte!! Gerade jenes getadelte Donnerwort an die Böotarchen: „Ihr macht euch des Verrathes an Hellas schuldig", hat die Ehre Athens und Thebens gerettet.

Noch angelegentlichen aber als mit den politischen
Missgriffen des Demosthenes beschäftigt sich Spengel mit
dem Nachweis von Sophismen und Verdrehungen in der
Demosthenischen Beweisführung. Wie vielfach er aber
dabei selbst parteiisch und sophistisch verfahren ist, hat
schon Max Hoffmann [26]) gezeigt, oder wenigstens das Urtheil Spengels auf das richtige Mass reducirt. Was bei
strenger Prüfung noch übrig bleibt, ist dies, dass Demo-
thenes die Schwäche der Beweisführung durch geschickte
Wendungen zu verdecken weiss, dass er das Urtheil der
Zuhörer oft anticipirt, dass rhetorische Formeln. wie: „doch
wisst ihr ja das Alle", oder: „noch könnte ich hunderterlei
von der Art anführen" u. s. f., eben Formeln sind, die
man nicht auf die Goldwage legen darf; dass er neben
stärkern Gründen auch schwächere und zweifelhaftere
häuft. Spengel versteigt sich in der Aufzählung dieser
rhetorischen Kunstgriffe zu Ausdrücken folgender Art:
„ein Beweis, wie der Redner keine Versicherung spart,
um sich Glauben zu verschaffen, an Wahrheit ihm aber
nichts gelegen ist". Was ungefähr mit der Aeusserung des
alten ehrlichen J. J. Reiske (der nicht umsonst von Spengel gerühmt wird) übereinstimmt: „Demosthenes ist ein
boshafter Chicaneur, der seine gehässige, wetterwendische,
sophistische Klaffzunge in seinen Reden nur allzuoft hören lässt". (Becker Literatur des Demosthenes p. 63.) Wenn
man dergleichen liest, wodurch doch offenbar Demosthenes als vollendeter Lügner taxirt wird, und Lüge als Haupt-
waffe auch seiner Rhetorik erscheint — so kann man nicht
genug über den Widerspruch erstaunen, den Spengel
sich zu Schulden kommen lässt, wenn er dann an andern
Stellen [27]) davon spricht, dass Demosthenes im Innersten

seines Herzens vollkommen von der Schuld des Aeschines überzeugt gewesen sein mag", wenn er ihn einen „trefflichen Mann" nennt, [28]) wenn er ihm das berechtigte Bewusstsein zuschreibt, [29]) „rein und unbescholten im Interesse der Freiheit den Feind aller Griechen bekämpft zu haben" u. dergl.

Wir stehen hier vor einer psychologischen Charakteristik, die wir einmal nicht in Ein Bild zu gestalten vermögen, und um Spengels Anschauung einigermassen gerecht zu werden, sind wir gezwungen, abgesehen von der exegetischen Nothwendigkeit, manche der Demosthenischen Sophismen in Spengel'sche umzusetzen, einige der Spengel'schen Aeusserungen als Uebertreibungen, die seinen eignen anderweitigen Aussprüchen entgegenstehen, einfach unberücksichtigt zu lassen, und im Sinne Spengels etwa folgendes Bild zu construiren: Demosthenes war ein Mann von hoher Geistesgrösse, von patriotisch sittlichem Streben erfüllt, der gereizt durch den Widerstand, der ihm entgegentrat, von Natur leidenschaftlich und herrschsüchtig, in der Polemik gegen seine Widersacher, besonders wenn seine Motive ungerecht verdächtigt wurden, sich ebenfalls zu Uebertreibungen, sophistischen Behauptungen und Verdächtigungen hinreissen liess, die, so sehr die Ehrlichkeit seiner Gesammtüberzeugung feststeht, dennoch den Beweis liefert, wie die Leidenschaft auch den Blick des edelsten Menschen trüben kann; wie denn auch seine leidenschaftliche Politik Athen nicht viel Glück gebracht hat; dies ungefähr scheint mir der Kern der Spengel'schen Anschauung über Demosthenes zu sein.

Mit andern Worten: es bleibt uns noch die Frage übrig, nachdem des Demosthenes Streben im Ganzen ge-

genüber den Verunglimpfungen des Aeschines unzweifel-
haft — auch nach Spengel — gerettet ist, beschränken
sich die leidenschaftlichen Uebertreibungen bei
Demosthenes auf Einzelnes, minder wesentli-
ches oder hatte Demosthenes Unrecht, seinen
Gegner moralisch zu verachten und war Aeschines wirklich kein Verräther?

In Beziehung auf diese Frage äussert sich Spengel: [30])
„Unmöglich wäre es freilich nicht, dass Aeschines von Phi-
lippus bestochen, gegen besseres Wissen und Gewissen
gesprochen hätte, aber Demosthenes hat es keineswegs
bewiesen". Im Allgemeinen aber neigt sich Spengel dazu,
es nicht zu glauben, dass Aeschines moralisch schlecht
war; er meint vielmehr, [31]) dass nur verschiedene politische Anschauung zu solchen masslosen gegenseiti-
gen Vorwürfen geführt habe.

Verschiedene politische Anschauung — gut. Die
politische Anschauung bei Demosthenes liegt klar
vor: Athen muss, als die Trägerin der hellenischen Bildung und der Demokratie, dem schlauen und energischen
Fürsten, der auf dem Makedonischen Throne sitzt und die
hellenischen Staaten nach einander auf dem Wege diplo-
matischer Kunst, der Bestechung oder der Waffengewalt
unter seine Botmässigkeit zu bringen sucht, kräftig ent-
gegentreten. Dieser politischen Anschauung entspre-
chend, finden wir bei Demosthenes auch eine historische: er legt sich die Ereignisse zurecht aus den genannten
Factoren: der Energie und Treulosigkeit Philipps, der
Energie der athenischen Patrioten, der heillosen Zerfahren-
heit und Zwietracht der griechischen Staaten, der von
Philipp gepflanzten $\varphi o \varrho \grave{a}$ $\pi \varrho o \delta o \tau \tilde{\omega} \nu$; er erklärt sich aus dem
Eingreifen der Verräther, namentlich des Philokrates und
Aeschines den schmachvollen Ausgang der Friedensver-
handlungen, die Vernichtung von Phokis, die Entstehung

des zweiten heiligen Krieges u. s. f. — eine historische Construction, der sich Consequenz und Deutlichkeit nicht absprechen lässt; es gehört dazu freilich als nothwendiges Mittelglied das Eingreifen jener Verräther. Dass diese historische Anschauung die richtige sein kann, hat auch Spengel mit obiger Aeusserung zugegeben.

Welches ist nun die politische Anschauung des Aeschines? Wir können uns eine solche, die der obigen entgegengesetzt ist, leicht denken; noch mehr: sie ist vorhanden bei ehrenwerthen Leuten, bei Isokrates, theilweise bei den Philosophen. Ihre Sätze lauten so: Die Demokratie hat sich überlebt, die unseligen Demagogen wollen die Stadt Athen wieder zur frühern Grossmachtsstellung emporschwindeln, die vielleicht damals schon kein Glück war. Die hellenischen Republiken verzehren sich in unversöhnlichem Hasse. Eine nationale Einigung ist nur möglich unter der Leitung Eines kräftigen Helden. eines neuen Agamemnon, der durch einen gemeinsamen Krieg gegen den Erbfeind Persien die Eintracht wieder herstellen, Hellas neuen Glanz verleihen wird. Dieser von der Vorsehung erwählte Mann ist Philipp von Makedonien, aus dem Stamm der Herakliden, also ein Hellene. Ihm soll man mit Vertrauen entgegenkommen, statt ihn hämisch bekämpfen. — Aber wo finden wir bei Aeschines ähnliche Aeusserungen? Er hat unmittelbar nach der Zerstörung von Olynth sozusagen Gastrollen gegeben in kräftigen Reden gegen Philipp; er hat vor Philipp zunächst die Rechte Athens auf Amphipolis in patriotischem Bombaste vertheidigt, er gibt sich in allen seinen Reden als warmen Anhänger der Demokratie, so gerade in unserer, er spricht gegen oligarchische Gelüste des Demosthenes, er macht es dem Demosthenes zum Vorwurf, dass er nicht unter der Herrschaft Alexanders sich erhoben. Zu gleicher Zeit berühmt er sich der Gastfreundschaft mit Philipp und Ale-

xander, und mit Philipp feiert er zugestandenermassen den
über Phokis errungenen Sieg. Er tadelt nicht (wie es von
einem consequenten Anhänger des Friedens zu begreifen
wäre) die Tendenz des Bundes mit Theben, sondern nur
dessen für Athen ungünstige Bedingungen. Kurz es fehlt
an jedem politischen Glaubensbekenntniss, ein
politischer Grundsatz tritt bei ihm nirgends hervor.

Und die historische Construction der Ereignisse? Man construirt gewöhnlich den Gang der Bege-
benheit nach Demosthenes. Spengel verlangt, dass man
beide Redner sich gegenseitig ergänzen und berichtigen
lasse, [32]) eine Forderung, der im Grunde schon O. Haupt
in seinem Leben des Demosthenes theilweise entsprochen
hat. Die Billigkeit verlangt, dass man sich einmal ganz
unbeirrt von den Behauptungen des Demosthenes auf den
Standpunkt des Aeschines versetze und nach ihm die Ereignisse sich zurecht lege. Wir haben es versucht, stiessen
aber statt auf Geschichte auf ein Gewebe von Klatsch,
Widersprüchen und Lügen. [33])

Unter die Lügen des Aeschines gehört z. B. seine Darstellung der Verhandlungen jener Volksversammlung, in
welcher die zweite Gesandtschaft nach ihrer Rückkehr re-
latirte. [34]) In Uebereinstimmung mit der spätern Behauptung in unserer Rede, dass Demosthenes mit Philokrates
erst nach der Eroberung von Phokis über die Grösse der
von Philipp gegebenen Geschenke in Streit gerathen sei,
erzählt er uns, dass bei der Berichterstattung über die
zweite Gesandtschaft und über den von Philipp gegen Phokis unternommenen Zug, wobei er den Athenern bekannt-
lich in Aussicht stellte, dass Philipp die Phokier verscho-
nen und vielmehr die Thebaner bestrafen werde — dass
bei dieser Berichterstattung Demosthenes sich nicht erhoben habe, um ihn zu widerlegen, sondern in einem von
ihm provocirten Rathsbeschlusse die Gesandtschaft im Gan-

zen, ihn, den Aeschines, insbesondere vor dem Volke
wegen seiner vor dem Philipp gehaltenen Rede belobt
habe. Hier nun müssen wir die Angaben des Demosthenes vergleichen. [35]) Demosthenes behauptet, er sei bei
jener Vorspiegelung des Aeschines über Philipps Absicht
aufgestanden mit der Bemerkung: „von dem Allen wisse
er nichts und erwarte auch nichts", worauf man ihn aber
übers Maul gefahren sei; ferner, dass der Rath umgekehrt
auf seinen Bericht beschlossen habe, ausnahmsweise die
Gesandtschaft nicht zu kränzen. Hier sind die Angaben
der beiden Redner so diametral entgegengesetzt, dass
Einer von beiden schamlos gelogen haben muss.
Welcher von beiden der Lügner ist, wird aus der That-
sache klar, dass Demosthenes sofort gegen Aeschines bei
den Logisten die Klage wegen trüglich geführter Gesandtschaft einreichte, was er doch nicht hätte thun dürfen,
wenn er ihn kurz vorher wegen derselben öffentlich belobt hätte. Dazu kommt, dass Aeschines in der etwa ein
halbes Jahr darauf gehaltenen Rede gegen Timarchos [36])
die Befürchtung, es möchte Demosthenes ihm die Phokier
und Philipp auch hier vorhalten, in einer Weise ausspricht,
dass man sieht, er hat dergleichen schon mehrmals von
ihm auch in Volksversammlungen hören müssen.

Ein noch directerer Beweis liegt in der kurz vor dem
Prozess des Timarchos, also nur wenige Monate nach jener
Volksversammlung von Demosthenes gehaltenen Rede über
den Frieden, [37]) in welcher er sich auf das Volk selbst be-
ruft („denn ich weiss, dass ihr euch erinnert"), er habe in
jener Versammlung dem Aeschines entgegengerufen: „ich
weiss nichts davon, und erwarte es nicht, und wer so
redet, faselt". Auch der frechste Redner hätte es nicht
wagen dürfen, nach so kurzer Zeit, wenn es nicht wahr
gewesen wäre, sich so auszudrücken und sich der Gefahr

auszusetzen, von der versammelten Menge der Unwahrheit
geziehen zu werden.

Erweist sich aber Aeschines durch seine politisch-
historischen Darstellungen als grundsatzlos, als eitler
Geck, als schamloser Lügner, so hat er diese letztere
Eigenschaft auch durch den Vorwurf der Bestechung, den
er gegen Demosthenes erhob, vollkommen gezeigt. Hätte
er sich am Ende auf den Vorwurf von Bestechung durch
die Perser beschränkt, so liesse sich dies als eine aus po-
litischem Hass hervorgegangene leidenschaftliche, aber ehr-
lich gemeinte Verdächtigung entschuldigen; aber dass er
ihn von allen möglichen Staaten und Potentaten nach einander bestochen sein lässt, das ist nicht mehr Ueberzeugung, das ist nicht Leidenschaft, sondern Farce.

Wie sehr es Aeschines an sittlichem Gehalt fehlte,
das zeigt namentlich sein Verhalten gegenüber Philipp.
Seine ganze Erklärung über die Vernichtung der Phokier
lautet: Philipp hat uns getäuscht, das Ereigniss war
Allen unerwartet. Wie schlau Philipp seine wahren
Absichten zu verdecken und auf falsche Spuren zu führen
verstand, das hat Niemand meisterhafter beschrieben als
Aeschines selbst. 38) Wer aber war durch die Vernichtung der Phokier am meisten compromittirt, am schwer-
sten gekränkt? Keiner mehr als Aeschines! Unter allen
Beweisen, die Demosthenes für die Schuld des Aeschines
gesammelt hat — es sind freilich nur Indicienbeweise,
also εἰκότα, um mit Spengel und Volkmann im Hermago-
ras zu reden, denn gesehen hat es Niemand, dass Philipp dem Aeschines Gold in die Hand gab — unter all diesen Beweisen ist keiner zermalmender als der: Wer hätte
jetzt mehr Veranlassung gehabt Philipp aufs tiefste zu has-
sen, als du? Dieser Beweis ist aber auch vollkommen ge-
nügend, um die Schlechtigkeit des Aeschines zu zeigen,
der unmittelbar hernach hinging und als Gesandter mit

Philipp die Siegesfeste feierte. Wo aber keine sitt-
liche Entrüstung mehr ist, da ist auch keine Sitt-
lichkeit. — Und der gleiche Aeschines, den Philipp, —
wenn er nämlich das erstemal unschuldig war — durch die
Beendigung des ersten heiligen Krieges, getäuscht hatte,
ging hin, zu einer Zeit, wo der Friede mit Philipp schon
gebrochen war, und fachte, wie er selbst erzählt, mit
scheinheiliger Frömmigkeit, einen zweiten heiligen Krieg
an; und das Alles, ohne zu bedenken, dass Philipp unstrei-
tig diesen wieder benützen werde und könne zu einem
Schlage gegen die Freiheit Griechenlands?

· Dass dies bodenlose Einfalt oder bodenlose Schlechtigkeit war, über dieses Dilemma können wir ebenso wenig wegkommen, als Demosthenes, ja auch Spengel kommt
nicht darüber hinweg, wenn er sich mit Polyb mit dem Gedanken tröstet, Aeschines sei viel niedriger anzu-
setzen, weil er keine solche politische Rolle ge-
spielt habe. [39]) Die Frage spitzt sich demnach so zu:
War Aeschines schlecht oder einfältig?

Aeschines war moralisch verworfen genug, um einer
solchen Rolle fähig zu sein, wie sie Demosthenes ihm zuschreibt; er war nicht so einfältig, dass wir ohne den Er-
klärungsgrund der Schlechtigkeit seine Handlungsweise begreifen können, dies beweisen seine Reden, denen Mangel
an Logik nur da anhaftet, wo die Sache nicht ausreicht.
Dabei ist es gleichgültig, welche Form der Bestechung
Philipp an ihm ausgeübt habe; alte und neue Geschichte
beweist, dass auch hier der Formen viele sind.

Unsere Frage nach der Berechtigung des Demosthenes, seinen Gegner zu verachten, ist erledigt. Die Ein-
zelnheiten, die wir in seiner Rede als Masslosigkeit der
persönlichen Angriffe gegen den politischen Gegner aus-
zumerzen haben, sind als irrelevant für das Ganze, als
Tribut, den der Redner seiner Zeit zahlte, zu betrachten.

Die Heftigkeit der Leidenschaft an sich aber ist nicht zu tadeln, sondern gehört mit zum Gesammtbilde des letzten Bannerträgers der griechischen Freiheit. In welchen Fällen soll der Staatsmann und der Redner leidenschaftlich sein? frägt Demosthenes in unserer Rede.[40]) Und er antwortet: Wenn das Gesammtinteresse des Vaterlandes gefährdet wird, wenn das Volk es mit seinen Feinden zu thun hat, dann! (aber auch nur dann) ist Leidenschaft Pflicht eines braven und wackern Bürgers.

N o t e n.

———

1) Aeschines 3, 194.

2) Für diese Auffassung der Sache spricht ausser den bei Schäfer Leben des Demosthenes III, 1 pag. 207 angeführten Wahrscheinlichkeitsgründen noch der Umstand, dass die Wiederaufnahme der Klage gegen den alten Klesiphontischen Antrag ohne Erneuerung desselben den Klesiphon persönlich nicht hätte bedrohen können, also nicht eine Anklage κατὰ Κτησιφῶντος, sondern πρὸς Κτησιφῶντα gewesen wäre.

3) Theophrast. Charact. 7: μάχη τοῦ ῥήτορος; dafür Casaubonus τῶν ῥητόρων, Bursian nach mündlicher Mittheilung τοῖν ῥητόροιν.

4) Aesch. 3, 49.

5) Aesch. 3, 50.

6) Aus dieser natürlich rein rhetorischen Behauptung des Aeschines construirte der gute Verfasser der zweiten Hypothesis zu Demosthenes pro corona p. 224 ein drittes Athenisches Gesetz, welches verbiete, jemals eine lügenhafte Schrift in das Metroon, das Athenische Staatsarchiv, zu bringen — eine in der That interessante reglementarische Bestimmung für die Staatsarchive, welche, streng durchgeführt, dieselben wohl um ein gutes Theil leeren würde. Vgl. W. Fox Analyse und Würdigung der Rede des Demosthenes vom Kranze pag. 61, Note 15.

7) Pauly Realencyclopädie I. Bd. 2. Aufl. pag. 438.

8) Aesch. 3, 191 u. ff.

9) Aesch. 3, 207.

10) Spengel: Demosthenes Vertheidigung des Klesiphon pag. 7.

11) Demosthenes 18, 9. Vgl. 34, 50, 53. Der Theil geht von § 10 − 52.

12) Dem. 18, 53. 56.

13) Dem. 18, 60—109.

14) Dem. 18, 110.

15) Dem. 18, 111—119.

[16]) Dem. 18, 120 u. 121.

[17]) Dem. 18 von 129 an.

[18]) Insbrucker Gymnasialprogramm von 1863. Vgl. Note 6.

[19]) Spengel a. a. O. pag. 9.

[20]) Dem. 18, 34 u. 50.

[21]) Die nähere Begründung dieser Annahme, dass § 10—52 zum grössern Theil als improvisirt betrachtet werden müssen, und dass sich hieraus ihre Absonderung sowie manches andere Auffallende am besten erkläre, würde eine weitläufige Auseinandersetzung verlangen, die hier nicht gegeben werden kann.

[22]) Stechow de Aeschinis oratoris vita. Berlin 1841.

[23]) Siehe Note 10. Die Schrift gehört zu den Abhandlungen der k. bayrischen Akademie der Wissenschaften. I. Cl. X. Bd. 1. Abth. München 1863.

[24]) Spengel pag. 69.

[25]) Spengel pag. 51.

[26]) Max Hoffmann zur Beurtheilung des Demosthenes in der Berliner Zeitschrift für das Gymnasialwesen XX. 2. (1866) pag. 746 u. ff.

[27]) Spengel pag. 44.

[28]) Derselbe pag. 52.

[29]) pag. 67.

[30]) pag. 24.

[31]) pag. 70.

[32]) pag. 49.

[33]) Es ist diese Aeusserung wörtlich zu nehmen. Wir wollten dem Aeschines gerecht werden, indem wir die Ereignisse nach seinen Aeusserungen allein zusammenstellten. Diese bei ihren Ergebnissen rein negative Untersuchung kann hier schon wegen der Menge der Details nicht mitgetheilt werden. Dafür erwähnen wir im Texte nur Einen Punkt, welcher freilich nicht den Widerspruch des Aeschines gegen seine eigenen Behauptungen, sondern gegen Demosthenes betrifft; — ein Beispiel, das freilich auch schon von Andern behandelt wurde. Vgl. die folgende Note.

[34]) Aeschines 2, 119 u. ff. Die Worte, von denen wir hier reden, sind § 121: Δημοσθένης οὐκ ἐν τῷ ψηφίσματι μόνον ἡμᾶς ἐπῄνει, ἀλλὰ . . . ἔφη. Ob wir das »baare Lüge« oder »geflissentliche Zweideutigkeit« nennen, wie Schäfer II. 253, Note will, kommt unseres Erachtens auf Eins heraus. Wir geben es Schäfer

so wie der verwandten Auslegung dieser Stelle bei Otto Gilbert (einer Marburgerdissertation von 1867 über die Uebereinstimmung und Abweichungen in den beiden Reden über die Truggesandtschaft pag. 63) zu, dass Aeschines als reseruatio mentalis sich folgende Auslegung vorbehalten haben kann, »Demosthenes hat noch mehr gethan, als ein blosses Ehrendecret (wie das erstemal) zu beantragen, er hat mich sogar öffentlich belobt«. Aber, wenn er sich die Worte so zurechtlegte, so that er dies in dem vollen Bewusstsein, dass die Menge sie anders verstehen werde und anders verstehen müsse: nämlich von einem auch in diesem Male beantragten. Ehrendecrete. Uebrigens kommt man mit dieser blossen Zweideutigkeit bei den vorhergehenden Worten: εἴ τις ταῦτα παθὼν καὶ ἀτιμασθεὶς ὑπὸ τῶν συμπρέσβεων τούτους ἔγραψεν ἐπαινέσαι καὶ καλέσαι ἐπὶ δεῖπνον, welche das Zeitverhältniss rein umkehren, nicht mehr durch. — In dem ganzen Verzeichniss von Sophismen der beiden Redner in diesem Prozesse, welche Gilbert in der genannten Schrift mit grossem Fleisse gesammelt hat, ist kein einziges des Demosthenes, das an eine solche schmähliche Lüge wie die obige nur irgendwie anstreift. Auch die edle Leidenschaft lässt sich gelegentlich zu Sophismen verleiten, die sie meist unbewusst oder nur mit halbem Bewusstsein anwendet. Die Behauptung können wir freilich Gilbert nicht zugeben (pag. 43, 49 und anderorts), dass Aeschines und Demosthenes auch am 19. Elaphebolion, dem Entscheidungstage über den Frieden, noch vollkommen die gleiche Politik befolgt hätten, dass also die Bestechung des Aeschines (die auch Gilbert anzunehmen scheint) erst bei der zweiten Zusammenkunft mit Philipp begonnen habe. Auf gegenseitiges Misstrauen und tiefere Differenzen schon vorher weist mit Bestimmtheit die eigene Notiz des Aeschines 2, 97; und wenigstens in seinem Widerstand gegen den Ausschluss der Phokier und Halier scheint Demosthenes an jenem Tage der Volksversammlung nicht von Aeschines unterstützt worden zu sein. Dass Demosthenes vor dem 19. Elaphebolion keinen Verdacht gegen Aeschines hegte, sagt er selbst ausdrücklich; warum soll nun seine Behauptung, dass an diesem Tage ihm dessen Benehmen verdächtig vorkam, eine Unwahrheit sein? Nachdem er aber einmal diesen Argwohn gefasst hatte, war es nun nicht folgerichtig, dass Demosthenes den Ursprung dieser für ihn feststehenden Verwandlung des Aeschines zurückdatirte auf einen frühern

Zeitpunkt? Mathematisch genau konnte dieser der Natur der
Sache nach nicht bestimmt werden; Demosth. 19, 316 u. 307
(Gilb. pag. 9) enthalten also keinen Widerspruch gegen 13
derselben Rede; bloss 164 ist eine durch den rhetorischen
Gegensatz hervorgerufene Uebertreibung.

Gilbert hat sehr einleuchtend das Verfahren des Aeschines mit Urkunden (Beschlüssen, Zeugnissen und dergleichen)
auseinandergesetzt; die schlauen Verdrehungen sind von solcher Art, dass man die Aeusserung des Demosthenes in keiner Weise als Uebertreibung fassen kann : οὐκ αἰσχύνη νόμους
μεταποιῶν, τῶν δ' ἀφαιρῶν μέρη, οὓς ὅλους δίκαιον ἦν ἀναγι-
γνώσκεσθαι τοῖς γε ὀμωμοκόσι κατὰ τοὺς νόμους ψηφιεῖσθαι.
Aeschines hat, wo offenbar in einem von Demosthenes ge-
stellten Antrag schlechtweg von Frieden und Bündniss die
Rede war, in tendentiöser Weise ein »nicht nur«, »sondern
auch« eingeschoben und dadurch einen nicht hierher gehöri-
gen Gegensatz hervorgebracht, 2, 53, 61 und anderwärts; einen
Antrag des Demosthenes, den er verlesen liess, dadurch ver-
fälscht, dass er zu den Worten 2, 65 τῇ δ' ὑστεραίᾳ τοὺς
προέδρους ἐπιψηφίζειν τὰς γνώμας noch hinzufügte: λόγον δὲ
μὴ προτιθέναι. Ebenso sprang er mit dem Zeugniss des Amyn-
tor um 2, 68, das absolut nicht so gelautet haben kann, wie
er es quasi erklärend umschreibt; so 2, 57 mit einem Beschluss
des Athenischen Volkes, Gesandte an die Hellenen zu schicken,
um sie zum Kriege mit Philipp zu entflammen; wo er lügenhafter Weise hinzufügt: ἵνα καὶ τῆς εἰρήνης, εἰ τοῦτο εἶναι δο-
κοίη συμφέρον, μετέχοιεν. In gleicher Weise scheint er mit
dem Zeugniss des Aristophanes von Olynth verfahren zu sein,
vgl. Gilbert pag. 58 ff.

Angesichts solcher Thatsachen befürchten wir, dass Gilbert mit vielen Andern sich viel zu viel Mühe mit der Erklärung der berüchtigten Gesandten in dem Decrete des Bundesrathes Aeschines 2, 60 gegeben hat. Sollen wir ja schliesslich diesen Gesandten zu lieb, »die noch nicht anwesend sind«,
die unwahrscheinliche Hypothese in den Kauf nehmen, dass
jene wirkliche Sendung, die Hellas zum Kriege aufforderte
und bei welcher Aeschines selbst so patriotische Reden hielt,
erst lange nach der Eroberung von Olynth — während Ari-
stodemos im Namen der Athener mit Philipp unterhandelte,
stattgefunden haben soll. Hierin ist doch die Annahme Schä-
fers und der meisten Andern, dass diese Kriegsgedanken unmittelbar durch die Zerstörung Olynths veranlasst waren, un-

endlich wahrscheinlicher. Was aber die vorliegende Stelle betrifft, ist kurzgesagt unsere Meinung die, dass, wie Schäfer zögernd II, 206, Note 1 es als eine Möglichkeit hinstellt, die er aber wieder aufgibt, in dem Decrete des Bundesrathes selbst die G e s a n d t e n in dem Satze: *ἐπειδὰν ἐπιδημήσωσιν οἱ πρέσβεις* keine andern waren als die erwarteten Makedonischen Gesandten, indem auch hier wörtlich Bezug genommen war auf das von Aeschines 3, 67 selbst erwähnte *ψήφισμα.* Dann hat allerdings Aeschines an unserer Stelle die Worte *οἱ δὲ πρέσβεις — Ἑλλήνων* und wohl auch noch *καὶ τὰς πρεσβείας — συμμάχοις* als seine Interpretation resp. schamlose Verfälschung hinzugefügt. Man bemerke wohl, dass auch Schäfer mit seiner im Texte selbst als wahrscheinlicher hingestellten Lösung doch zu der Annahme seine Zuflucht nimmt, dass Aeschines »nicht getreu« referirt habe.

[35]) Dem. 19, 23. 45. 31. 32.

[36]) Aesch. 1, 175.

[37]) Dem. 5, 10.

[38]) Aesch. 2, 136 ff.

[39]) Spengel pag. 66.

[40]) Dem. 18, 278. Schliesslich die Bemerkung, dass wir uns beim Citiren einzelner Stellen der Rede vom Kranze gelegentlich an die vortreffliche Uebersetzung Köchlys (bei Engelmann) angelehnt haben.